Reihe Neue Lyrik
Kulturstiftung des Freistaates Sachsen

Herausgegeben von
Jayne-Ann Igel, Jan Kuhlbrodt, Ralph Lindner

Roland Erb

Trotz aller feindlichen Nachricht

Gedichte

poetenladen

Erste Auflage 2014

ISBN 978-3-940691-60-6

Reihe Neue Lyrik – Band 7
Herausgegeben von Jayne-Ann Igel, Jan Kuhlbrodt, Ralph Lindner

Illustration und Umschlaggestaltung: Miriam Zedelius
Druck: Pöge Druck, Leipzig
Printed in Germany

Poetenladen, Blumenstraße 25, 04155 Leipzig, Germany
www.poetenladen-der-verlag.de
www.poetenladen.de
verlag@poetenladen.de

Das Ohr

Wir halten das offene Ohr
an die Erde, sehr schwach
dringt ein Beben herauf
wie von hastig stampfenden Hämmern
weit über Land oder
Panzerketten, die blindwütig
Dörfer einebnen, wir halten
das offene Ohr an die Erde,
sehr schwach

EINS

Hinter der Arena

Als wir abluden am Container
und du dich schnell davonmachen wolltest
und wir in Streit gerieten,
weil ich nicht mochte wie du
(ganz ohne Abschiednehmen, fort aus dem Staub),
da hätt ich am liebsten beim Sperrmüll
geschlafen
und hätte vielleicht sogar bleiben sollen
dort, in der Fluchtburg langschwänziger Ratten
und stöbernder alter Männer,
wo neulich Abend Einsamkeit herrschte
und Ruhe versteinert
unter dem schmierigen trüben
hastig verebbenden Licht.

Bushaltestelle am Stadtrand

Hier steht noch ein alter Holzzaun mit Astlöchern drin,
die Bretter wurmstichig, morsch, biegen sich, knarrn,
wenn ich sie fasse, durch Ritzen zu spähen versuch.
Da drüben grunzt was, schmatzt, es riecht wundersam
nach anno dazumal, Ernteeinsatz, märkischer Sand fällt mir ein,
die schrumpfende Gunst des Kaziken vom Dorf, mein Schlag auf den Tisch,
der Sturz aus den Federn tief in die Furche, schmerzhaftes Knien,
Kartoffeln und Rüben, Bretterknaller, Frostnacht im Mais.
Hinter dem Zaun wälzt sich das Tier im Schlamm, ich atme
noch, kaum erschrocken, solange ich kann, und erinnre – da
stoppt quietschend ein Bus, der nach ›Nova Eventis‹ fährt.
Ich wende mich, renn hinterdrein, der Holzzaun – schwirrt
aus dem Blick.

Epochen

Hier auf der abschüsssigen Straße
unweit des Hauses, wo Käthe Kollwitz
lebte nach der Evakuierung
aus dem bombardierten Berlin,
direkt zwischen der sowjetischen Kommandantur
mit Wachtposten und Fahnen
und dem leeren Sockel des Bismarckdenkmals,
stand ich einst als neunjähriger Schüler,
der Spendenmarken verkaufte
einen Nachmittag in der Frühlingssonne.
Jetzt schlurfe ich hier vorbei,
während die Blätter der Buchen fallen,
auf der geliebten Straße,
die ich kaum wiedererkenne,
weil die Stadtbrauerei gesprengt ist
und Asphalt das Kopfsteinpflaster ersetzt.

Zeiten

Der Raum – gefüllt
mit tausend
Tickern.
Als ob du heute
schneller sterben sollst, dies
Klicken.
Auslöser, ihr: Kommt alles
von uns
auf Chips und Sticks und
kalte
Speicherplatten?

Leipziger Freiheit

Du kannst dir den Spaß machen, im Geist die Türmchen weg zu schnippen
von den Bürogebäuden der postmodern verschönerten Stadt.
Du kannst die alteingesessenen Kaufleute zählen
an den Fingern deiner in Freiheit schwingenden Hand.
Du kannst aus der Tasche das vorletzte Geldstück fischen
für den jungen Mann, der sich vom Marktplatz nähert
und dir wieder zuruft: Hast du einen Euro für mich?
Du kannst dir die Tüten voll stopfen mit Angeboten, Prospekten,
Sommerschluss-Socken, Bestsellern der letzten Saison,
bis deine Wohnung aus allen Nähten platzt.
Du kannst den Touristen im Guck-in-die-Luft-Bus nachstarren,
die beim Stopp am Rathaus sächselnde Auskunft erhalten,
und rätseln, was sie bewundern, wo dir vor dem Gaspreis graust
und den Nebenkosten des Lebens bei der Freiheit von Arbeit.
Du kannst in Connewitz, Schleußig, Eutrizsch, Gohlis zur Fitness rennen,
deine Muskeln stählen, dich wappnen für den Stadtmarathon und gegen
die Rechtsradikalen, die lärmend zum Völkerschlachtdenkmal stiefeln,
auch hoffen, dass zwischen Messe und Flughafen das Autowerk bleibt,
dass endlich einmal der City-Tunnel eröffnet wird
und Leipzig weiter bei Tag und Nacht ›kommt‹.
Du kannst, wenn es dämmert am Montag, ohne Angst vor der Grünen Minna
und Wasserwerfern, zähnefletschenden Hunden
um die Nikolaikirche schlendern, die Ohren anlegen und spitzen
auf längst schon erstorbene Echos: Wir sind das Volk!

Walpurgis

Im gewendeten Besenschrank steht
mein unerwarteter Stoßtrupp,
der springt staubdürstend durchs Zimmer,
stößt mich, klopft mich, entführt mich,
wirbelt hinaus
zwischen Computern, gefluteten Straßen,
Lärm, der die Trommelfelle zerreißt,
zerfetztem Gebein, geborstenen Brücken,
Gleichmutsgesichtern, geheuchelt,
Vorschriftgestrüpp, erlitten,
und coolem Rumhängen, Tun als ob
in Thüringen, Sachsen,
rasch auf den Blocksberg zu
mit dem alten Granit und Geröll,
der sich in Nachtnebel hüllt,
um fegend und bürstend sich zu verwandeln
und hexentanzend zu toben,
bis ein Morgen aufklart: der ernüchterte Blick
in die Tieflandsbucht
mit dem Trugbild gebändigter Ströme
und meinem Besenschrank.

Hinter der großen Treppe

Ein Vogel schlägt mir flatternd an die Lider,
der Taubenschwarm fliegt auf
von Schutt und Krusten.
Im toten Winkel
hat sich einer angelehnt
mit schlappen Sohlen und Klamotten,
der wischt sich graue Wasserspuren
verstohlen ab vom
Bleichgesicht.

Das Weihnachtsmarkt Gewühl
mit Blasmusik vom Turm
drängt mich zur Eisentreppe,
lässt mich die Füße heben:
Klumpen Eis.

Neustadtstraße

Schattenlos stand sie,
weizenblond wirren Haars,
bei Hundstagswetter
mit schwarzer Wolke,
im verschossenen Rock und Top,
barfuß auf glühendem Pflasterstein
zwischen drei Möbelstücken
unter dem bröckelnden Mietshaus,
wo ich einst wohnte und wo eben
ein Fenster im vierten Stock
offen stand und
ein Vierzigjähriger seinen Kahlkopf raus streckte,
der schrie:
Scher dich fort, Schlampe!

Impression Frankfurt

War abends einmal in der Alten Oper,
Fadomusik, dann ein Sermon politisch, der nicht enden wollte,
ich machte in der Pause mich davon,
empfahl mich vom Gastgeber auf Französisch,
in Richtung Hauptwache und Zeil,
die Schuh-Vitrinen neidisch zu beschnuppern.
Es regnete, ich wollte rechts unter Arkaden
im Dunkeln Zuflucht suchen, aber andere
hielten den trocknen Platz besetzt,
vor Fenstern einer Bankfiliale
auf meterlangen Pappverpackungsresten liegend
und zugedeckt mit Pferdedecken und Pullovern,
ihr Hab und Gut zu ihren Häupten hütend,
einer wühlte mit schmalen Fingern in der Reisetasche.
Nachtruhe herrschte, sie schnaubten ärgerlich
und wünschten knurrend mich mit Fug zum Kuckuck.

Hauptbahnhof

Drei Skinheads schlagen die Schwarzen,
drei Skinheads schlagen die Schwarzen,
drei Skinheads schlagen die Schwarzen
hier auf dem Querbahnsteig.
Zwölf Citoyens stehn im Halbkreis dabei,
erschrocken.
Da steh auch ich.

Kennst du

Kennst du das Sausen in den Ohren,
wenn du auf deinem Drehstuhl sitzt,
und dieser Stuhl steht in der Luft?
Das Sausen schwillt und schwillt, es möchte
dir schier das Trommelfell zerreißen,
ein Knall bricht los in deinem Innern, du
fällst ins Bodenlose.

Kennst du das Gehn mit schlaffen Knien
durch eine graue arg zerschlissene Stadt,
wo keine Hoffnung bleibt im Angesicht
des Seifennackens und machtgeiler Blicke
der Männer mit den Daumenschrauben?
Man muss ja auf sie zugehn, ihnen Rede stehen
und ihre Kopfnüsse einstecken,
dazu verständnisinnig nicken.
Man muss am Ende einknicken und lange liegen
im Schmutz, nicht anders als
ein alter Fetzen.

Kennst du das sachte kalte Strömen
der frischen Rauchluft einer Kohlestadt
in deine schmerzgewohnte Kehle,
wenn dich das Dunkel in die Decke hüllt
und schon am Horizont ein fahles Licht erscheint?

Geräusche des Dunkels

Die Geräusche aus den Sudelküchen
des braunen Kämpen,
der von den Schleichwegen heimkehrt.
Sie schwirren nachts durch das Fenster
und halten am Trommelfell,
quälend, beharrlich.
Du bist mit dem Glas Wasser allein,
den gebundenen Händen
und versteckst deine Furcht.
Wen könntest du rufen
um diese Zeit,
alle verdienen den Schlaf,
doch es zischt und brodelt.

Ob er die Kuttelsuppe verschüttet
aus seinem schwärzlichen Kessel,
die dieses Land überschwemmt
und anschwillt, steigt und
Blutdunst verströmt?

Dann steht es uns
bald bis zum Mund.

Wolhynien

Das Wort
fiel im Traum,
ich sah, wie ich mein eigenes
Grab schaufeln musste.
Die Erde war hart
gefroren mit
riesigen Kieseln,
ich hatte bald
brennende Blasen
an beiden Händen,
ich schwitzte und fror, ich
konnte nicht denken.
Hinter mir,
mit dem Gewehr mein Wächter,
er trieb mich
mit fremdem, deutschem Kommando,
sobald ich erlahmte.
Mitten im Krieg wars
im Traum,
ich trug einen schütteren Bart,
graue Schläfenlocken,
stand schief
im zerschlissenen Kittel.

Ich grub und konnte nicht
fertig werden.

Halten auf freier Strecke

Der abgebrochene Bleistift
ein gelber, zernagter Stummel,
dennoch versuch ich zu schreiben
hier, das Blatt auf den Knien.
Alles so ungewiss, wie die Ankunft
des Zugs in der doppelten Halbstadt,
wo langsam die Mauer zerbröckelt.
Wir halten auf freier Strecke,
ich seh, wie der Februarsturm
die Kiefern zur Erde hinab beugt,
doch unerschüttert inmitten
zwei Panzer mit ihrer Tarnung,
die Eskaladierwand nackt, vereinsamt
mit dröhnendem Holz, schon vergessen
von Männern in Uniform, die verschwinden
stiefelnd durchs Tor der Kaserne.
Die Bahndrähte sirren klirren elektrisch,
der Zug setzt sich in Bewegung
und stoppt gleich aufs Neue, hält inne
zwischen der Stadt der Empörung
und der, wo man jetzt Nägel mit Köpfen macht.
Aber ich?
Weiß ich, wohin ich gehöre, zieh ich es vor,
im Ungewissen zu halten, auf Ankunft
und auf Erfüllung verzichtend? Ach nein, ach nein,
wie ich rolle und rolle und wieder rolle
und zweifle und hoffe!

(1990)

Bei Nieselregen

Als ich im November
des Jahrs neunundachtzig
mit Hunderttausenden demonstrierte,
zum siebenten Mal
den Leipziger Ring entlang
bei Nieselregen,
mit schlechtem Schuhwerk,
und die heroischen Rufe vernahm
und die Sprüche der Staatsmänner
nach dem Fall der Mauer
noch taufrisch im Ohr hatte
von Blütenträumen, vom Zusammenwachsen,
da war mir ein bisschen
blümerant zumute,
als ich an die Kosten der Zukunft dachte
und meine löchrige Tasche.

Beharrliche Brandung

Immer die Anfälle und Ausfälle,
Stichelei und Fallstrick und Bücken,
zu rasch geschenktes Vertrauen,
Gehässigkeit, Wurstigkeit, Neid,
zerstoßenes Lächeln des Schwachen,
Versagen, schwer atmendes Ringen,
Zuversicht strahlend für einen
Moment, sofort in Frage gestellt.
Beharrlich brandende Hoffnung, nicht
mulmige Muschel Gezeit.

Trotz aller feindlichen Nachricht

Trotz aller feindlichen Nachricht
die schwachen Signale der Nähe.
Ein unverständliches Lied,
das die Nachbarin summt
hinter der Wand,
das Bild einer bizarren Landschaft,
das du mir bringst und
gleich danach wieder versteckst,
das unerwartete Aufbegehren
des Mannes dort, den ich nicht kannte,
gegen Unrecht, Gleichgültigkeit,
der durch Postleitzahlen geirrte
Brief des verschollenen Freunds.

In statu nascendi

Du weißt nicht,
was tun.
Es ist alles noch
in der Kapsel verschlossen
und reift und
schweigt.

Die nächste
Sekunde.

ZWEI

Deutrichs Hof

Hier, wo der Krieg
ein Trümmerfeld hinterlassen
und allein Deutrichs Hof
fast unbeschädigt zurückblieb
als beharrlicher Rest
in verdorrender Landschaft, sah ich,
wie bei strahlendem Sommerlicht
die stählerne Abrissbirne
immer wieder davor schlug,
das starke Gemäuer brechend
des uralten Bürgerhauses
mit dem barocken Erker,
den schlanken Säulen im oberen Stock
und dem zierlichen Giebel darüber.
Staubwolken sah ich
aufsteigen, sich mählich verziehen,
Baufreiheit wurde geschaffen,
so nannte man es.
Doch eine Ödnis breitet sich heute,
ein holpriger Platz voller Pfützen,
der bei den Friedensgebeten
der Grünen Minna, den zähnefletschenden Hunden
und später den dürftigen Pfannkuchen- und
Bratwurstbuden der Wende
als Stützpunkt diente.

Häuserlücke Humboldtstraße

Worte,
vom Wind zerknüllt,
im Brodeln des Herbstes,
fauligem Holz abgelauscht
hinterm Schuppen
und blutigen Leinen-
fetzen im Schlamm,
der auf Marmorplatten erstarrt
und sie unsichtbar macht.
Silbengezischel, das du erhaschst,
wenn hastigen Schritts zwei vorüber gehn,
laut sich zurufend, da
einer schwer hört
und der Wind jeden Schrei
von den Mündern reißt,
ihn beutelt, ihn quirlt
durch klaffende
Hauslücken hier, auf den Hof,
wo einer steht
wie ich.
Mit dem baumelnden Ascheneimer,
wartend auf etwas,
das anders spricht,
während der Wind mir respektlos,
brüderlich rau
Zufallsgestammel um
frostige Schultern schlägt.

Undine der Elsteraue

für Helmut Bartuschek

Wettersturz, scharfer Geruch nach Moder,
Brachfläche, fahl blinkendes Blech,
siehst du das Weichbild der hallenden Stadt
und diesen schwärzlichen kantigen Turm –
jäh ertrinkend im Dunst?
Bleib, bis Kanälen, bis öligem Schlamm
zage Spirale entsteigt,
luftiger Schmalleib sich biegt und wiegt,
herb verschlossen im Tanz.
Wenn Dunkel, wenn Nebel sich bäumt,
scheint dir, als käm sie herab,
scheu ein Gesicht zu enthüllen: zerfurcht von Rätseln?
Legst du die Hände ihr auf –
spürst du, so rau, den Beton am Gestade
über Stufen und Wassern, den schweren, dem Öl.

Am Stadtrand

Spät eines Baums Entblättern
und die spröde Tragik der Stämme,
von denen weißlich die Rinde brockt.
Herbst mit dem Auge in aller Natur,
das sich verdrossen schließt,
sanft und hart der Schritt eines Grübelnden
über den Fahlglanz von Zinkblech und Reif.
Dort hinterm Zaun ein Knirschen (dies
bald verstummende Rascheln:
Tiere, die auch am frostwunden Tag
auf ihrer Suche sind?).
Seitlich im Winkel, nebelumzogen,
drohend schwarz eines Turmes Rumpf,
nahende Autos Lärmflammen, bald
weit ins Rückwärts entsurrend.
Zögernd verschließt sich jetzt die Allee,
Baum (der letzte) schon eisumkleidet,
frostknarrende Stadt mit dem Ampelgetöse.
Eure Schritte hinein.

Schlittschuhlauf am Abend

Dies Flattern auf spiegelndem Eis,
in trikotdunkles Leuchten gehüllt,
langsam der Falter im zuckenden Tanz,
Klänge verwehend im Schattenlogis:
Schmetterling stolz, auf der Flucht,
den er jahrlang nicht suchte, nicht fand.

Er sieht und er schaut und erkennt,
bis ein treibendes Knirschen, das Eis
Kristall ihm ins Auge stößt.

Verspätet am Hause Huchels

Verspätet, die Ankunft
am Hause Huchels,
der Kahlschlag der Kiefern
hatte begonnen.
Das Heim des Winterpsalmisten
stand leer, er war
vom Eis ausgestoßen.
Der es nach ihm bezog, sein fröstelnder Freund
mit dem weißen Haar,
der Tropenluft liebte,
wenn sie zwischen blühenden Büschen stand,
hielt im Gespräch
mit der knurrigen, zahnlos grinsenden
beinarmen Alten
vom märkischen Dorf,
die Harz abzapfte,
solang die Kiefern noch standen.

Ich ging auf sie zu: ihr Lächeln
flüchtig skizziert und
entrückt. Die Sägen
fern, hinterm Vorhang
des Grüns.

Percevals beschwerliche Reise

Gneissprung, der Pfad labyrinthisch
zum niemals genannten Ort,
die Wohnung des schweigsamen Mannes,
vom Wildwasser, Feuer versehrt,
düster schimmernd am Wald.
Luftwurzelverzweigt, blicklos ums Haus
das Braun bald gefällter Stämme.

Mein Weg, nach graustündiger Irrfahrt
im radknarren Coupé, im morschen
feldsteinzerklopften Gefährt –
führst du den unstet flackernden Blick
auf stets verrufenen Treppen
bitteren Gaben, Brot und Salz, entgegen?

Bahnreise Traum

Du läufst durch den heulenden Zug (die
Deutsche Bahn, denkst du, doch täuschst
du dich: eignes Produkt dieses Lands, auch
hier, und wo nicht, heulen die nächtlichen Züge),
Nacht ist und Notbeleuchtung, die Zähne klappern,
die knallenden, klaffenden Türen ziehen dich an
(Spring aus der rasselnden Fahrt, leg dich ins Schilf
zu den Schnecken, den Eiern und Würmern ins schlammige
Gras hier und sammle dich,
deine Knochen, verfaul, versink in den Grund,
wies bestimmt ist), du läufst und ein Glanz
greift nach dir, jäh (wie Beschläge von Koffern, blin-
kende Flaschen, Augschlitze und Stiefelgummi,
wohltuend weiß), packt dich mit Zangen. Erwach –

Beim Aussteigen

Als sich die Tür schon geöffnet hatte,
die trübgelbe Bahn zum Halten kam,
war die Straße stockfinster,
doch der Wagen der Tram glitt unmerklich weiter,
so dass er blindlings den Fuß auf die Stufe,
dann auf das schwarze Pflaster setzte
und mit dem Kopf auf den Steinen lag.
Er erhob sich im Nu aus dem Staub,
verbiss den dröhnenden Schmerz,
indes sich die Freunde zerstreut,
etwas besorgt,
umblickten nach ihm.
Taumelnd ging er rasch hinterher
und tat,
als ob nichts gewesen sei.

Aussicht Dürrenberg

Hier diese Zunge Land
unter nächtlichen Himmeln,
wie es blitzt mitunter, wie Licht springt
von Abfackelflammen,
flüchtig Gevierte Land und
Gevierte Haus.
Dein spähender Blick ins Schwarze,
den Schritten nach, die trotzig
dem Stampfen entgegen
gehn.

Worte auf dem platten Land

Will mit dir reden, geh und komm,
leicht will ich über deinen Nacken streichen,
den Kragen, deine hundemüden Schultern.
Komm ins Verschlossene Holz, wir wollen sehn,
ob die Wildkirschenbäume blühn.
Es gibt hier Dörfer, die unsagbar fade sind.
Komm, lass uns ruhen, tob herum mit meinem Sohn
und nimm den Apfel hier, trau dich und wate
durch dieses Wasser ölig violett und kühl,
das keinen Fisch erdrosselt.
Lies das vergessene Buch, das jetzt von Hand zu Hand geht,
kürz deine Arbeit heute ab und schau herein
bei mir, der nicht dein Freund geworden ist,
und glaub nicht, was er nicht versprochen hat.
Will mit dir reden, komm und geh

Landschaft Güstrow

Wenn der Herbststurm den See in Schaum verwandelt,
wenn die Kiefern ein Haff aus Kälte durchtränkt,
wenn die Pfahlwurzeln sich ins Auge bohren,
wenn unterm Lid ein Holzstoß brennt,
wenn sich das Auge nicht schließt vor Schmerz,
wenn das Nackte heulend stürzt in den See,
wenn Wassersäule im Sturm zerweht,
wenn unsere einsamen Wege stehn.

Ulmenhof

Der winterlich aufdämmernde See,
dein Gesicht, das manchmal in fahles Licht taucht.
Wind, der locker herabfällt,
regt kaum spürbar die Flächen auf.
Stunden, als wäre Zeit zu verschenken. Die Sonne,
noch hinter dem Baumhorizont,
schürt ein schwärzliches Frührot
und steigt allmählich über den See,
bis die Schattenkonturen zerfließen.
Der Tag, sein gelbes Gekreisch.

Aus einer Epistel

… dass die Nähte nicht springen, wer sagt es dir denn,
dies Tuch so straff über Gründe gespannt,
ein bunt gewürfelter Fetzen.

In den Nächten hier (blasser Sternbilder Wehn,
fernes Bollern woher, nasses Heu, das nicht riecht)
denke ich nichts Bestimmtes, lass nur Gedanken
treiben, die kehren bald unverrichteter Dinge zurück.
Auch du scheinst unendlich fern für sie,
ich ahne dich hinter zerklüfteten Bergen,
womöglich läufst du mit jungen Gelenken, gespanntem
Sehnen und fest entschlossenem Blick,
wohin du heut glaubst.
Schön diese Schritte, ich bewundere sie,
den tänzelnden Gang über unerforschtes Terrain.
Und schon zieht ein eherner Tag herauf
mit Donnerkeilen und Sonnen –

In die zerklüftete Landschaft
schickt er vielleicht
einen Fetzen Wind.

Verschnaufen am Steilhang

Der lohnende Anstieg beginnt erst jetzt.
Es ist das Ohr an den Abgrund zu legen,
zu hören das geilende Kreischen der Sägen,
zu sehen, wie der Honig der Stille tropft
aus schwärzlichen Waben langsam,
zu schmecken die vergessene Würze des Wassers,
das kühl durch die Wände sintert,
zu ahnen den Weg in den Mahlgang der Steine.
Der lohnende Anstieg beginnt jetzt.

Bautzener Memento

Da könnte kommen das Unwegsame bei Nacht,
ein Wühlen, ein Strom, der die Dämme zerbricht
(der scheue Hengst deiner Träume sprengt fort
für immer auf brausenden Lüften).
Da könnte kommen das Ende des Würfelns,
die Hartknochenfaust, die mit blindem Schlag
dem schimmernden Glas das Spiegelbild nimmt
(die Tanzende schluckt einen Splitter).
Da könnte kommen ein Frühdämmerschein,
fahl über Zahnräder, Menschengesichter,
die stocken im Faulschlamm gesunkener Flut
und spüren den Morgen nicht.

Irtysch Legende

für Sergej Jessenin

Tief sinkt im Irtysch der Stein, bis
der Schlamm ihn verbirgt,
die Wasser strömen darüber,
sie strömen, sie singen,
führen Treibgut mit,
das am Ufer sich setzt oder
fault und verwest
zu Schlick.

Immer weiter die Wasser
und weiter,
fort über
den stummen Grund.

Ehmals in Aigues-Mortes

Ich war niemals in Aigues-Mortes
und niemals werde ich dort sein,
das weiß ich sicher.
Da, wo ein Hafen war,
wo der Heilige Ludwig
aufbrach nach Ägypten
und nach Tunis.
Ach, Aigues-Mortes, die Salinen
und deine alten Gemäuer
und die ganze Camargue
sind mir verschlossen,
der Schlüssel zur Zauberpforte
ist in den Brunnen gefallen.
Jetzt schlängle ich mich hindurch
zwischen meinen Ruinen hier,
die kein Geheimnis umspinnt.
Doch will ich mich immer fragen:
Was wars mit den Toten Wassern,
was spricht noch in Aigues-Mortes?

Bäume

für Ludvík Kundera

Die Johannisbrotbäume immer,
die ich nicht kenn,
oder Magnolien,
ich kenne sie gut:
in die Frühzeit und
in die Zeiten bald.
Immer dies Bild, dieses Schauen,
das vergessen
wär Tod.

DREI

Gedanken im Flug

Der Blechvogel klappert und dröhnt und stuckert
schwer durch die Wolkenknochen, bis
wir nur noch Felsfetzen erspähn vom Land,
bald nichts mehr außer plattgestampfter
grauer Watte.
Die fremde Sprache klingt noch fremder hier
mit dem Geschnarr, den dumpfen Lauten,
der Flug löst die Gedanken von den Körpern ab.
Abwesend bin ich längst wie alle andern,
der schale Coca Trunk, der hier genossen wird,
vereinigt uns zu einer düstern Runde.
Wir schlürfen ihn aus Langeweile, Übelkeit, wir sind uns gleich,
wir Männer mit den Wintermänteln, Aktentaschen.
Nichts freundlich hier, selbst nicht die Stewardess
biegt sich gefärbt, gefällig, zuversichtlich.
Trostloses Land, in dem ich keinen Auftrag und kein Ziel hab,
und niemand weiß, dass ich jetzt fliege –
flieg ich denn?
Wie, wenn der Stottervogel gleich zerschellte
an einer Felsennadel – wüsst ich, wer ich bin?
Wir stürzen jäh paar tausend Meter tiefer, unsern Schnabel trotzig
nach unten stoßend: da, die dicken braunen Fäden Dreck,
ach, Flüsse, die sich durch das Grüne schlängeln,
sieh jene Hutzelhütten, spür die Käseglocke
Stille übers weite Feld gestülpt.
Das schwankende Terrain, das Heimat hieß,
ganz nah.

Friedensgebet 89

Im Hohlraum, im
Ausgehöhlten,
erdrosselt von
Mauern,
als die Horchenden
schweigend
saßen
beim Singen,
erhob sich funkelnd
die Stimme
von einst.

Kein Engel
im Flammenkleid
auf der Empore,
kein Quell
aus der Felswand.

Erwartung, Hoffen
ins Blau.
Und noch
schien nicht alles
zertrümmert.

Märzenschaf

An diesem abgehalfterten ersten März,
als der steinalten Nachbarin
hochnotpeinlich
definitiv
der Bauch aufgeschnitten wurde,
als ein schlotternder Bonze und Boss
meiner Frau gegenüber
sein Bedauern kundtat,
dass die Bastonade abgeschafft sei,
als ein frostiges Telegramm mich zwang,
die langwierigste Knochenarbeit abzubrechen
samt Rückzahlung blank abgenagter Raten,
und das scheußlich graue Gemisch
von Regen, Schnee und flockigem Dreck
unablässig den Himmel anschwärzte,
da
schlug ich verdrossen den Kragen der Kutte hoch,
schnallte die Sporen des Ingrimms an
und suchte ins Offne
zu gehn.
Ich ging mit ratlosen Schritten,
und die grauhaarige Straße schwankte
vor Unschlüssigkeit.
Die Leute maulten und schnitten Gesichter,
die Tiere nur trabten leidlich stoisch.
Ich aber lahmte bald, schlich vor mich hin,
bis ein Sonnenstrahl jäh
herabfuhr vom gedemütigten Himmel,
der die Mauern in goldene Gewänder schlug,
mich bis ins Mark mit Freude versengte
und sofort wieder
verschwand.

Das eiserne Ohr

Wir gingen im Park umher
mit rastlosem Schritt,
ich hatte den Arm
für Sekunden
um deine Schultern gelegt.
Wir trennten uns, schrien
einander Erschreckendes zu.
Wir versöhnten uns
für eine Spanne Zeit.
Es war wie immer,
und unaufhörlich
hielten die Lauscher
das eiserne Ohr
in der Luft aufgesperrt.

Den Blätterfall registrierten sie
deines, meines
Gesprächs.

Keine Tarnkappe

Das schwarze Auto mit den jungen Männern
da gegenüber
macht mir unerklärlich Angst.
Wenn ich zur Tür hinaustrete,
mein Blick ganz absichtslos
vier Schritte übers Pflaster schweift,
ergreift mich Panik, vielleicht grundlos, und ich kann
nur denken,
was ist, wenn die mich jetzt verfolgen
mit ihrem schwarz lackierten Flitzer.
Ich könnte durch die Hinterhöfe schlüpfen,
die Spur verwischen, wie ich es
in Büchern einst gelesen hab,
ich könnt am Ende mich verstecken
im tiefsten Sumpf des Auenwalds.
Doch hätte das tatsächlich Sinn,
ist Hetzjagd und ist Rettung nicht
ein Wahn?
Allgegenwärtig sind sie ja, die grauen Kerle.
Sie wissen alles über mich und uns, ich hätte
wohl keine Chance,
mich unsichtbar zu machen, denn
die Tarnkappe, die kam mir längst abhanden
in einem frühen Handgemenge.

Schwitzkasten

Er hält mich im Schwitzkasten,
die Augen
hat er mir ausgeschraubt,
in seine Hosentaschen gesteckt,
die Arme hat er mir
ausgekugelt und
auf dem Rücken verschweißt,
er umarmt mich mit stählernen
Pranken.
Ich muss seinen Namen
erraten und laut ihn lobpreisen,
damit im Ofen
der Plunder gerät.

Gespräch im verfallenden Haus

Nacht ist es, schlotterschwarze Nacht, du sagst:
Dies Haus wird immer unbewohnbarer.
Doch ich bin weder Handwerks-Wundertäter
noch Bauherr, höchst bestallter, hier.
So wenig und so machtlos bin ich,
dass ich dir nur als Auskunft geben kann:

Du darfst ja sprechen, in der Nacht,
die feuchten Wände hörn dir zu,
und möglich ist, sie lieben deine Stimme.
Auch ich, der vor dem Schlaf her läuft,
der seine Schritte immer wieder abbricht,
bin voller Neugier, dass ich dir
gern zwei Minuten lauschen will
mit meiner Aufmerksamkeit, die zu rasch erlahmt.
Denn ich bin schwächer als die Rieselwände,
und beide stürzen wir wohl bald,
und ich verliere die Geduld zu schnell.

Ich wollte fort gehen, um den Augenblick
zu fliehen, der die Nacht durchzucken könnte
in grausig schöner Nacktheit: all dies
blendend.

Die Wand blaue Luft

Über Kimme und Korn gesehen,
kriechst du den Hohlweg hinauf.
Am Ende die Wand blaue Luft,
wo du in Schwärze aufstehn wirst,
gibt einen prächtigen Hintergrund ab,
den aufrechten Gang zu erproben.
Keiner tut das für dich.

Exekution

für Erich Arendt

Symphonien im Dunkel, geschrieben exekutiert,
verhaltenes Spiel, ein Sturz, ein Notenblatt-Reißen
oder jäh ein Geschoss aus hundertsechs Pauken,
dass die Wogen zerspringen, das Pulsen-Strömen
glasig der Spiegel glättet.
Lichtkegel, richten sie aus, zerblenden
das Werk der Hände, ihr Abstufen sorgsam
und die Bogen-Ideen mit den glitzernden Schatten.

Abschied von Dubček

Der Fisch der Hoffnung tauchte eines Tages
in tiefere Gewässer unter,
dahin, wo augenlos die Welse stehn.
Sein Schatten zog voran durch Algenschichten,
hier schien er wohlbekannt.

Lichtbögen, Irrlicht

Achtet darauf, dass ihr nicht zermahlen werdet
unter den Walzen. Der Tag sprengt heran
mit Lichtbögen, zementenen Sonnen, er kracht
unversehens euch vor die Stirn, dass ihr taumelt.
Sucht eure Zehen weiter zu schieben, auch wenn durch Nacht
ihr müsst, wo Irrlichtfeuer uns Blut schwitzen lassen.
Fallt ihr zu Boden, springt auf, doch sinkt ihr kraftlos zurück,
sendet aus den Gedanken, den hungrigen Wolf und die Geier.
Seid ihr denn Halme Stroh, hilflos auf glühende Tiegel verirrt?

Über das Torkeln

Wenn du liegst und wenn es zu denken anfängt
in deinem Kopf – unbequem liegt er,
dass dich der Nacken schmerzt –, du hast
einen Schlag eingesteckt, musstest vorwärts gehn,
bis du dich hinwerfen konntest. Es schwirrn
die Ideen, suchst sie zu bündeln,
willst eine Kraftlinie sehn, die dein ist,
ausreichend, dass man aufstehen kann,
ungerührt weiter gehn: Die Gedanken kreisen.
Im Fluch
erhebst du dich, torkelnd.

Hinter die Ohren

Fährst mit dem Fuchsschwanz durch seine Rede
ritsch ratsch, lässt ein paar Zickzacken stehn,
die Vokale a, i, sechs schnarrende, schlappende
Mit-Laute, das, was dem geschundenen Mund,
was jetzt noch hervortritt, ein glucksender Ton ah-ra,
unterbrochenes Eselsgeschrei, Schnaufen, Schnauben des Pferds,
dem man Eisen ins Maul stößt. Hast
nach dem Zerrwanst gelangt, uns mitgespielt,
ja! Jetzt das uralte Lied! Das wir
lieben!

Donner und Blitz

Leises Verröcheln des atmenden Menschen,
gezwängt unters knöcherne Joch liefst
du im Kreis auf stets gleichem Acker.
Gleichmütig zogst du die Furchen
ein ganzes Jahrzehnt und länger, wolkenlos
stets dein Himmel.
Da aber schwärzte sichs, Stürme brausten
über dich hin, der ungerührt pflügte. Beim Blitzschlag
hast du in Panik die Riemen zerrissen, ranntest quer
über den Acker, das Land anzugaffen.

Die fremden Gerüche, das wogende Licht überall
auf Schrägen und Kanten, die fetzenden
Schrilltöne, die hastenden Schatten!

Manchmal ein Nachmittag

Wieder und wieder
dein Kampf um den winzigen Alltag,
der vage Versuch eines Orts,
der Denken und Handeln
erlaubt und schützt.
Das übliche Ohnmachtsgefühl,
dennoch
manchmal ein Nachmittag,
der sich anfühlt ähnlich
wie Glück.

VIER

Kypris

Sie war so verschüchtert und zugeknöpft,
dass sich kein Anblick eröffnete.
Sie war so verkantet, verschachtelt,
dass die Zwillingsplaneten nicht kreisten.
Sie war so von Fertigteilen umstellt,
dass der Zutritt zur Pforte versperrt blieb.
Sie war so dicht mit Planen bedeckt,
dass die Knospen nicht springen wollten.
Sie war so vom blinden Wahn vermauert,
dass sie nicht aus sich raus ging.
Sie war so höllisch verriegelt,
dass sie des Himmels Hauch nicht spürte.
Sie war so im Permafrost eingeklemmt,
dass mir das Blut in den Adern gefror.

Dein weites buntes Hemd

Dein weites buntes Hemd
war mir die Flagge,
die über jener starren Reling
flatterte,
als ich mich in der Herbst
Sturmzeit
mit dieser Crew von rauen Männern,
gegerbt von Wind und Wettern,
daran gemacht,
ins Offene hinaus
zu segeln.

Was ist

Was ist mit den schlafenden Brüsten
unter dem sanft grünen Hemd,
wer hat dir die Füße mit dem Betttuch verknotet,
was liegt der Bleiklotz der Decke auf dem atmenden Leib,
der bedauerlich schnauft und sehr wenig Luft kriegt.
Draußen rasselt ein Fahrzeug mit scheppernden Rohren vorbei,
ein Vogel piepst seltsam, die Sonne sticht dir in die Nase,
brennt dir am Ende noch das Gesicht entzwei.
Doch deine Schultern, die hältst du ängstlich versteckt
auch alles andere, unter die Federn geklemmt.
Ich warte und warte, Freitag ists, 13. Mai um halb vier,
aber du denkst nicht dran, schnarchst und sagst was im Schlaf
vom Fliegenpack, das dich stört, und fuchtelst, tötest die Lust
der Staubfäden, die da flimmern und tanzen
auf dem Lichtstrahl, der schräg das Zimmer durchmisst.

Abstellkammer

Ich weiß nicht,
es klang irgendwie nach Abschied,
als du das verbogene Blechding
an die Lippen hieltest,
nur so zum Spaß,
und aus dem Trichter
ein paar
dumpfe, groteske Töne
quetschtest.

Ach, dass es so selten glückte,
den grauen Kittel
vom Körper zu reißen, ich schalt
dich, du solltest
dein Strahlendes zeigen, mit Freude
spalten
den widerborstigen Kern.
Du wolltest
Frühjahrsputz halten,
aussortieren
das Alte, Zerscherbte
und andres in Angriff
nehmen, da
klang es auf einmal,
nicht aufzuhalten,
aus rostiger Fanfare
adieu.

Durch einen Schacht

Oh, wie uns die Knochen gefriern
in der unerbittlichen Eisluft,
die Haut spannt sich darüber
porenzerreißend.

Dein Atem verrinnt,
die entbindende Wärme.

Flüchtige Begegnung

O die fliegenden Haare im Wind,
das strenge Gesicht mit den springenden Brauen,
bläulich das Aderngeflecht der Hände,
der fremden! Du folgtest mir nach unmerklich
in deinem Schwarz, nur wenig Schritte.
Ich wagte nichts: als ichs entdeckte, rissen
die Wege schon voneinander ab.

In der Vorhalle

Die Frau, die in der Vorhalle auf und ab geht,
weiß nicht, auf wen sie hier wartet.
Im Halbschatten steht sie vor dem Gewirr trostloser Stühle.
Morgen schon fährt sie zurück, die Gesichter
lösen sich ab, sie fallen
wie die Blätter des letzten entrissenen Traums.

Die Beobachtung

Du, diese Geste
des Zigaretteanzündens,
als gäb es nur das,
wenn etwas hell, etwas finster,
wenn etwas unwiderruflich vorbei.
Du, diese Geste, die Geste,
als gäb es nur das, ach,
als gäb es nur das!

Strohhalmsuchend

Du sahst uns strohhalmsuchend an
zum ersten Mal nach langen Jahren,
doch wir verstanden nicht zu helfen
und wollten es im Grunde nicht,
wenn wir für deine Lage auch
Verständnis hatten.
Vielleicht ein wenig später,
später, ja.
Wir waren zu beschäftigt.

Wir zogen uns ganz sacht zurück
bis an den Rahmen einer Tür.
Wir fühlten uns nicht allzu wohl,
und dann vergaß ich schnell.

Nur einmal mussten wir uns noch
erinnern,
als es vorüber war,
aus und vorbei.

Dies Eis

Das Telefon, nachts deine Stimme
brüchig, rau, flüstert hilflos
Leidenschaft, Worte, Begehren: Gedrängtes
Schweigen umfängt mich, ich lausche, ich horche
nach. Dies Eis steigt mir abwärts
bis in die Füße, den starr-
kalten Fingern entgleitet der Hörer,
ein Plastikknacken, fernher
verebbendes Stammeln.

Torso

Dein schützend gestreckter Arm,
als du jäh hieltest, das maskenhaft weiße
Gesicht plötzlich zerfahren, dann lachend
und wieder entspannt im Licht, die angriffs-
lustigen Worte klirrend heiter, sich stoßende
Stangen Getriebe, ein fröhliches Chaos von Klängen,
des Körpers Biegung, das scheinbar gelassene
Rauchen, ein lautloser Vorhang zieht
vors bewegte Leben. Ich suche
mir Stücke zusammen.

Elegie

Ich hab getrunken getrunken getrunken den Tau
deines Haars an dem rauchigen endlosen Tag,
als die Nacht kam am Mittag, als kein Morgen mehr kam.
Ich hab verschlungen verschlungen, als ob es kein Aufhören gäb,
deinen Blick so finster leuchtend unter den Brauen.
Ich hab mir genommen, ihn nicht zu verfehlen verlieren vergessen,
den Schritt deiner Knie unermüdlich, schmal.
Da brannte ein Feuer im Herd
und alle lachten mit dir, schöpften im Brunnen.

Wenn alles stirbt um dich her, alles erloschen, vergossen scheint,
wenn alles stirbt,
das Feuer verglommen, das Schöpfrad still,
ich selbst wohl erkaltet, unser Baum gefällt,
aber dein Bild (ein fließendes brennendes) steht mir im Mund –
bin ich dann unabänderlich starr und erloschen, tot?

(1970)

Die größeren Blätter

Wie dein Gesicht welkt dahin
in der kaltfeuchten Nacht.
Ich ahne die größeren Blätter,
sie trennen sich langsam vom Baum
und schweben herab
wie spähende Vögel,
sie lassen sich nieder
ins Schwarzblau des Wegs.
Ich spür, wie sie beben,
die Poren.

Abschied

Die Augen offen, sie lag
in dem Blumenbett,
hell ihre Augen, zerbissen die Lippe,
Blutkrusten im verletzten Gesicht,
ein Zeichen auf Nase und Stirn, das Haar
fiel nach hinten, offen alles in eins,
hell und leicht und entschieden,
die Augen nach oben gewandt, nach oben weit
über den Scheitel. Sie hatte
auf einmal dies kaum erblühte Gesicht,
es glich, es war wie von dir.

Niemals altern

Wie ich sie liebe,
deine Anfänge,
dies
archaisch strahlende
Lachen,
springende Freude eines
Gesichts,
das entstellt war
vom Schmerz.
Die junge trotzige
Regung der Glieder,
Widerstreit unermüdend
gegen
Verknöcherung und
Erstarren.
Dein Beginnen – das
dennoch
wiederkehrende
Licht.

Der Alte

für Ré und Philippe Soupault

Steinrunzel dein altes Gesicht,
die Augen tief im Innern der Höhlen
hinterm zerkratzten Brillenglas,
hartstopplig das Kinn und die Wangen,
von schlafmüder Lippe kommt
taumelnd ein ungehört wichtiges Wort.

Zitternd die Hand, so verschwollen,
auf den zermürbten Knien.

In der Kindheit

Ich lag mit den Händen
an dich geklammert,
presste mich ins vertrocknete Unkraut
und hatte ein Nest in
deiner Mulde
aus Trümmersteinen und Gras.

Als der Sturm über dich hin blies,
spürte ich große Stille
an dir,
die senkte sich ein und wuchs
und blieb in mir,
als ich mich aufzurichten versuchte
und der Taifun mich erfasste.

Die frühen Jahre

Du, die Hände,
der Mund,
dein spiegelverhöhntes Erwachen
beim Knirschen der Straßenbahn.
Dumpf der phantastische Kopf
von holzharter Lehne.
Dies Aufstehen: unrasiert, unbedacht, ungewiss,
steil-
treppab
ins Gepfeif.

Die Stille des Hauses

für T.

Dunkel ist es im Zimmer, wo der große Junge schläft.
Ein Funke müsste glühen, man sähe
das wächsern starre Gesicht.

Nebenan die lachenden Kinder
legen sich jetzt zu Bett.
Die Stille des Hauses macht sie laut.
Sie klopfen, sie trommeln an eine Tür,
die schon verschlossen ist.

Hundstod

Als wir den siechen Hund aus dem Haus fort trugen
im alten Wäschekorb
meiner Schwiegermutter
(noch aus der Nachkriegszeit),
da bäumte er sich ein letztes Mal auf
mit ungewöhnlicher Wucht,
als wollte er noch aus dem Weidenkorb springen,
trotzig weiter leben,
er, der seit Tagen nicht gefressen hatte,
nur apathisch auf seiner Decke lag,
nie einen Tropfen mehr trank.

Die Nacht im zerbrochenen Sessel

Nur eine Handbreit entfernt
scheinen die Nächsten,
doch rufst du sie nicht,
der Schmerz reißt ein klaffendes Loch
in die bewährte Festigkeit
deines Leibs.
Als ob du für immer untergehst
und alles vergeblich war,
was ringsum sich türmte,
Gedanken, Klänge und Bilder,
stets noch erhoffter Ausblick
vom schwankenden Lebensgerüst.
Auch trübt sich allmählich die Klarheit
dieses einsamen Denkens,
und fast scheint es dir,
als wärst du nicht
Herr deiner selbst.

Sehr langsam tritt durch den Vorhang
das erste Licht.

Einer allein

Ahnst du nicht,
dass ich hier sitze,
ohne die Finger
zu krümmen,
und dennoch
voll Sehnsucht, voll Angst
dein schrundiges, bröckelndes Haus
zögernden Schritts
umkreise.
Ahnst du nicht,
dass ich so lange brauchte,
sicher zu wissen:
Hier ist die
unbewehrte Bastion,
hierher ins graue
Gebäude im Abrissgebiet
zog sich die Nachhut zurück,
die beharrt
auf der Suche
nach erfrischenden Farben.
Ahnst du nicht,
dass ich die Farben brauche
für das eigene, glanzlos gewordene Bild.
Ahnst du nicht,
dass ich unweigerlich komme,
mit erstorbener Hoffnung,
mit leerer Hand?

FÜNF

Notiz Böhlen Espenhain

Die Heimfahrt vom Reden
im Kraftwerk,
den Sirupfäden eines Gesprächs,
ausgepowert sitz ich im Bus,
unlustig zu lesen.
Ich halte die Grubenlampe
auf meinen Knien, das
unbrauchbare
Geschenk des Direktors.
Im Dorf mit dem riesigen Rapsfeld
hab ich Honig gekauft für die Söhne.
Wir stoppen vor Espenhain,
da steigen drei Dutzend erschöpfte Gesichter zu,
erfüllen den Bus
mit vielsagendem Schweigen.
Hinter verschmierten Fensterscheiben
die riesige Rauchfahne, schwarz.

Aus der Schicht

für Marga Leuner

Wie wir hervorgehn aus der Nacht,
unsanft, gequält von tausend Stimmen,
zerfetzt und abgewetzt, mit rotgewachten Lidern,
gestoßen von dem Schub der Lasten,
die Kästen offen, viel Papier und Licht
(sehr gelb, als wollt es sich zu Tod
verbrennen), die Schläfen sirrend

Donnerstags im Büro

Eine Frau,
die sich die Tränen abwischt
mit rascher Taschentuchgeste,
wenn ich klopfe
und gleich die Tür aufstoße.
Mit ernstem Gesicht
und zögernder Hand
setzt sie den kurzen Namen
auf ihre Liste,
nimmt Münzen in Empfang.
Wir sprechen
über die neuen
Stühle.

Der alte Metaller

Als der Bohrer sich tief
ins Metall fraß (es knirschte und knirschte)
und das Gewinde heraus schnitt,
als er dasselbe wieder und wieder tat,
es Jahr um Jahr und Tag für Tag unendliche Male vollendend,
da verwuchs in letzter Vollendung mit dem Hebel die Hand,
die den Gewindebohrer bediente,
und wurde gefügiger Teil der Maschine.
Der Kopf irrte ab, er trennte sich los von den Gliedern
und schwirrte ziellos durch dunstige Sphären,
die waren
von zuckender Schwefelflamme erhellt.

Schlafplatz

für Ossip Mandelstam

Die Wohnung – Schatten – hier,
ich geh durch enge Ritzen Luft,
die Körper, liegend, da und dort verstreut,
von Bücherstößen, Wänden, Eisenteilen
ein sickernd-fahles Licht.
Ich dräng voran zur letzten Hinterkammer,
mein kahles Gähnen – stockt. Ich tret
hinzu, wühl mich in Zeitungshaufen.

Die Nacht ist lastend. Bis der Körper sich
den Rückweg tappt, auf raue Decken fällt.

Der Wächter

Sieh auf die weiße Sickerwand vor dir,
dein Blick macht sie noch feuchter.
Steh auf und geh vier Schritte hin,
vier Schritte her.
Du hörst ein weit entferntes Rauschen, nein,
ein Rieseln
oder doch nichts.
Ein Dunst ringsum von abgekühlten Schwaden Rauchs,
ein vager Schmerz von innen.
Du bist ein Mann mit einer Lampe
und Tisch und Stuhl und
Nacht,
sehr langer Nacht.

Das wäre komisch

Ach, wozu Poesie,
wozu das Verlangen nach Schönheit!
Nimm lieber die Hustensaftflasche
vom Schrank, bekämpf
dein heiseres Bellen!
Die Flasche ist ganz verklebt,
lässt sich nicht öffnen.
Hier, ein Taschentuch, etwas Gewalt,
und der Verschluss springt auf
für immer und ewig.
Nun einen Esslöffel her,
hinab in den ausgedörrten,
tragisch quietschenden Schlund
die Linderung schaffende Droge.
Dass der reißende Schmerz in der Brust
einmal zur Ruhe kommt.

Aber die Dichtung, die leicht
geflügelte Luftgeist-Amöbe,
wohin
mag sie spurlos geflimmert sein?
Vielleicht
ist ja ein Rest irgendwo
in den Ritzen versteckt, ein Tropfen,
achtlos verspritzt
in der nachtkalten
Zuchthäusler-Küche?

Wie, zwischen all dem, dieser Wirrnis
des schicksalsgebeutelten,
kahl geschorenen Haushalts?
Das wäre komisch!

Leb du

Leb du in deinem dröhnenden Haus Sprache,
geh taumelnd unter den Bäumen dahin
bei heiterer Stimmung, lieblichen Lüften.
Auch steig zurück in den Turm, die düstern
Gedanken.
Heut soll dir nichts mehr geschehen. Da oben
erwarten wir dich: die Stummen.

In dieser Sprache

Sprache von Glück und Unglück,
Weide am reißenden Strom, die wieder Schösslinge treibt,
zornige Frau, die ich suchte, verlor, wieder fand, angstvoll halte,
Sperling du, den in die Luft ich warf, noch nicht flügge,
der auf den Boden fiel an der Wurzel des Baumes,
Sohn, der mir wuchs, ein Geschenk, das mir sicher schien, verlässliches Pfand,
den ich von heute auf morgen den Blicken entließ für die eine,
den ich aufspüren muss allerorts und den ich vielleicht nicht erkenn.
Arbeit und Halt und Form, die mir ständig entgleiten,
die ich vollende, vergeblich aufsuche danach,
die eines Nachts mir unter den Händen erwächst.
Zwanglosigkeit, Ungebundenes, das sich mir öffnet
wie der Becher mit starkem Getränk, den du geschenkt hast,
bald ist er leer getrunken, nicht sicher, wie lang noch zu trinken ist.
Wanderer, Freund, dessen verschlungener Pfad durch Dickicht
selten meinem sich nähert,
der sonnigen Kreuzung der Wege lange vergessen schon.
Einmal hören die Wege auf, kommt ein Wald, der grünt ohne Weg,
unbegehbar, oder die Wüste, da versinken die Schritte im Sand.
Hellredend Sympathie, die anzieht, täuscht und zeitweise nah kommt,
zitternde Kurve, die hat viele Brüche und Steilhänge viel,
zitternde Kurve Glück und Unglück, du meine Sprache, du.

(1971)

SECHS

Luftsprünge

Die Clowns
mit den weißen Schminkmasken
machen heut Abend
so große Sprünge.
Und plumpsen
immer wieder
zurück in
das Sägemehl.
Sie falln mit den bunten
Pluderhosen
tief in den Staub, es
klatscht
ganz leise.
Aber
sie springen
wunderbar weit
in die Höhe, sie
scheinen
für einen Moment
zu schweben
im siebenten Himmel.

Was tut ihr da,
närrisch, verquer,
ihr täppischen
Clowns.

So zu sagen Ich

Warum
dies stumpfe Gesicht,
das ich schlagen möchte,
im Spiegel,
in der Verschlissenheit,
Unsicherheit,
was heute geschieht.
Wenn ich die stinkenden Lumpen
vom Leib reißen könnte.
Soll ich
Entschlüsse fassen –
du wartest
dreizehn Sekunden, ach,
ein Jahrtausend,
irgendwo platzt
jetzt der bunte Ballon,
Gelächter lauthals,
das die Grimassen verziert,
und Sintfluten Schlamm,
die ein Gebirgsdorf verschütten,
während
das Seeziel
getroffen wird
(da, wo Aphrodite einst
Elementen entstieg).
Mein ur-uraltes Peru,
sonnenanbetend, mit
Blutopfern, schöne

Partien einer Landschaft, die stirbt.
Glorreiche Muskelspiele, dem
Sixtus
an die Kapellendecke gehext,
freilegen!
Das Würgen und das Erbrechen der
unerbittlichen Nacht,
wenn sie ihr Ende
nicht sieht.
Ob die Fiebernde ihre schale Brühe
geschlürft hat,
oder
sind die Schmerzen
zu stark in der Speiseröhre
nach dem heroischen halben Schritt
durchs Jahrhundert?
Die Kehle
ganz ausgedörrt, Herr
Marquis Posa,
alles so rot, glühend rot.
Von den niemals geschrienen
Worten.

Und meine Glieder
in Ohnmachtsliebe
verstreut
auf dem zerfetzten Terrain.
Doch an Blumen fehlt's im Revier.

Lenz ziellos

Da lag er in diesem Zimmer,
sah sich wie immer bedroht
und lag sich die Holzbank schmal.
Er lag unter hohen Fenstern,
das Licht kam in weißen Wellen,
da stieg er auf fliegendem Teppich
waagrecht in flimmernde Luft.
Es war ein liegendes Tanzen
hinauf, hinab und zur Decke,
er schwebte, er tanzte, er stieg, er sank,
und das war sein Fliegen im Liegen,
blieb sonst keine Chance zum Fliegen
im Zimmer. Weißt du, warum.

Auf festen Boden

Bei allem löblichen Willen,
die Augen schön zuzukneifen,
die Füße gelassen
auf festen Boden zu setzen,
er kann sich des Eindrucks
doch nicht erwehren,
dass er durch Morast watet,
dass seine Stiefel
immer tiefer versinken
im Pfuhl, im fauligen Sumpf,
wo die Moorhydra herrscht und wo
nichts Rettendes wächst,
auch nicht der kleinste Grashalm.
Und dort, in der Wasserlache,
wenn er die Augen aufschlägt, erschrocken,
sieht er befremdet:
Die glitschigen Frösche hüpfen davon,
in Panik.

Am 11.11.

Regeneriert sich alles,
sagte mein Zahnarzt mit Optimismus,
als er mir ein Stück Unterkiefer
beim Zahnziehen rausgebrochen hatte,
der große bullige Kerl.
Das will ich gern glauben,
wir beide sind kerngesund,
wir verjüngen uns ständig,
und alles,
was abgeschlagen und abgeholzt wurde
in uns und um uns her,
beginnt gleich am heutigen Tag
aufs Neue zu grünen, zu blühen.
Selbst unsere Asche
ist wundersam wiederverwendbar,
voll eines höheren
Sinns.

Gebrannte Figur

Aus Chochlowa
die Figur
liegt
zerbrochen
in deiner Hand.
Die Talisman war.
Durch Unachtsamkeit
einer
Sekunde.

Versuchst
die zersplitterten Teile
zusammen
zu fügen.
Vor dir
die bröckelnde Zeit,
der entflohene
Sinn.
Trostreiche Arbeit,
dies wirre
Tasten und Leimen,
der kaum zu entziffernde
Faltenwurf.
Die verrinnende
Nacht.

Fellini Face

Reines junges Gesicht
retuschiert
zur Trauermaske
eines alternden Clowns.

Aufgestörte Finger,
zaghaft die weiße
Papierblume
schwenkend.

Foto der Achmatowa im Jahr 1925

Die Hand
legt prüfend sie
an ihre Kehle,
als wollt sie fühlen,
dass sie bei Stimme sei
und dass der Hals ihr
noch verblieb,
der schön geschwungene.
Die Augen schienen
eben doch zu lächeln,
die Lippen leicht geöffnet,
blickt ins Ferne sie.

Und ahnt und
weiß?

Kalligrafie

für Ursula Marga

Du schreibst es in ein dickes Album
mit deiner Kinderhandschrift,
kein Strich zu lang, kein Bogen krumm,
Landschaften rein und klar von Zuckerhüten.
Und niemals falln die Kegel unversehens
um.

Stoischer Titan

Wenn ich Atlas besuche, langsam den mächtigen Globus dreh –
die Flächen endlos, von Krieg überzogen,
Afghanistan, Syrien, Kongo, Mali, Ägypten, Kolumbien,
die Küsten von Beben, Wirbelstürmen verheert,
die Dürrezonen des Sahel, wo Hungersnot herrscht,
das Meer von Laugen, Plastikabfällen verschmutzt,
die Eisberge schmelzend der Arktis, die schrumpfenden Gletscher –
dann frage ich mich, ob die Last dem Atlas zu schwer wird:
Es knacken die Knochen, die Haut platzt ihm auf, dem Titanen,
es rasseln die Lungenflügel, doch er steht beharrlich und stoisch,
die Gesichtszüge düster, versteinert!

Prometheus steinalt

Er erwachte, es war kalt
und verdrießlich,
ungeschaffen die Stadt wie am
frühesten Tag,
über der endlosen Fläche
Land und Meer
nichts als kreischende Möwen,
abstoßende wächserne Halme
und Blätter.
Keiner,
der ihn geheißen hätte,
was zu beginnen und
wie.

Taumelnd schritt er,
die Augen reibend,
übers stumpfe Gelände hin.

Anhaltende Gegenwart

Anmerkungen zu Roland Erbs Gedichten

Von Jan Kuhlbrodt

Roland Erb wuchs unmittelbar nach dem zweiten Weltkrieg in Nordhausen auf, jener Stadt in der Nähe des Kyffhäusergebirges, vor deren Rathaus eine große Holzfigur steht: ein mittelalterlicher Roland, Beschützer des Gemeinwesens und Zeichen seiner Unabhängigkeit. Mit groben Gesichtszügen, erhobenem Schwert, Krone und Schnauzbart betrachtet er, was sich vor ihm alles abspielt: vor allem Geschichte in all ihren Verwerfungen. Der Schutz, den man von der Figur einst erhoffte, blieb immer wieder aus. Und vor allem gelang es dem Roland nicht, die Bevölkerung der Stadt vor sich selbst zu schützen, wenn es Not tat.

Ganz in der Nähe von Nordhausen erhebt sich auch das Barbarossadenkmal mit Bohrlöchern im Stein, denn die Alliierten wollten das Ding 1945 in die Luft jagen. Wer weiß, was sie davon abhielt.

Noch immer also thront der alte Kaiser aus Stein, dessen realer Leichnam auf dem Kreuzzug verloren ging, als Zeichen deutschnationalen Wahns versteinert im Berg. Und um den Gipfel kreisen die Raben. Wenige Kilometer vom Kyffhäuser entfernt, im Vorgebirge des Harzes, befinden sich die Stollen des Lagers Dora, einer Außenstelle des Konzentrationslagers Buchenwald. In Stollen, die in den Berg getrieben wurden, montierten Häftlinge in den vierziger Jahren des 20. Jahrhunderts die V1 und V2 Raketen, von denen die Nazis sich eine Wende in ihrem Krieg versprachen.

Vor Roland Erbs Gedichten spielt Geschichte, verfängt sich in den Texten, lagert sich ab. Und in den Ablagerungen erst wird sie sichtbar, verliert sie das Flüchtige und erhält erneut und verstärkt Gegenwart. Oft in alltäglichen Situationen. Dabei auch in Figurationen, die Komik nicht aussparen.

Insofern sind Erbs Texte weniger Erinnerung als Vergegenwärtigung, sogar dort, wo sie im vorübergehenden Hier und Jetzt ihr Sujet finden. Und Vergegenwärtigung funktioniert darin in beiderlei Richtung, nicht nur von hinten nach vorn. Zeit trifft auf Zeit.

Am Anfang der sechziger Jahre kam Roland Erb nach Leipzig, um Romanistik zu studieren. Seitdem lebt er in der Stadt. Es waren die letzten Jahre der kurzen Nachkriegsblüte der Leipziger Universität. Noch hielt sich hier und da etwas vom Geist Ernst Blochs, die Vorstellung der Utopie, noch prägte Hans Mayer die Germanistik, und die Romanistik wurde maßgeblich von Werner Krauss bestimmt.

Die ersten beiden waren als Exilanten zurück nach Leipzig gekommen, und Krauss hatte Jahre im Zuchthaus verbracht. Sie versuchten einen Neuanfang der Geisteswissenschaften in Leipzig, in Deutschland, einen Neuanfang, der letztlich durch die DDR-Administration erstickt wurde. Mayer und Bloch wurden ein weiteres Mal vertrieben.

Eine andere wesentliche Einflusslinie auf Erbs Schaffen verdankt sich seiner übersetzerischen Tätigkeit. Nicht nur aus romanischen Sprachen hat er übersetzt, sondern zum Beispiel auch aus dem Russischen und dem Schwedischen. An dieser Stelle sei beispielhaft die 1984 im Verlag Volk und Welt erschienene Ausgabe mit Gedichten von Gunnar Ekelöf erwähnt.

1981 debütierte Erb im Aufbau Verlag mit dem Band *Die Stille des Taifuns*. Ein Buch, das kurz nach Erscheinen in der DDR aus politischen Gründen vom Markt genommen und eingestampft wurde. Dem schloss sich ein mehrjähriges Publikationsverbot an. Aber Erb blieb rege, übersetzte und gab heraus. In den neunziger Jahren betreute er die Dresdner Literaturzeitschrift *Ostragehege* redaktionell.

Im vorliegenden Band, der Gedichte aus verschiedensten Schaffensphasen enthält, haben wir auf eine chronologische Anordnung der Texte verzichtet in dem Bewusstsein, dass ein Text seine je eigene Gegenwart generiert, Geschichte als lebendige erscheint.

Inhalt

DREI

VIER

FÜNF

SECHS

Reihe Neue Lyrik

Kulturstiftung des Freistaates Sachsen
Herausgegeben von Jayne-Ann Igel, Jan Kuhlbrodt, Ralph Lindner
Erscheint im poetenladen Verlag

Bisher erschienen:

Band 1 Anne Dorn: Wetterleuchten
Band 2 Michael Fiedler: Geometrie und Fertigteile
Band 3 Thilo Krause: Und das ist alles genug
Band 4 Kerstin Hensel: Das gefallene Fest
Band 5 Peggy Neidel: weiß
Band 6 Uwe Hübner: Jäger. Gejagte

Stimmen zur Reihe Neue Lyrik

»Anne Dorn zeigt uns mit ihrem Band *Wetterleuchten*, dass sie eigentlich, auch in ihren Prosatexten, immer Dichterin gewesen ist. Eine, die uns viel zu sagen hat.«
Dresdner Neueste Nachrichten, Tomas Gärtner

»Gedichte, die uns absolut etwas zu sagen haben.«
Deutschlandfunk, Hajo Steinert, zu Anne Dorns Band

»Michael Fiedlers Debütband zeigt eindrucksvoll, dass ein poetischer Neubeginn im 21. Jahrhundert sich nur auf eine strenge sprachkritische Wörter-Archäologie gründen kann.«
Sprache im technischen Zeitalter, Michael Braun

»Dieser Debütband überzeugt durch die Variationsbreite der Motive und Formen ebenso wie als wohlkomponiertes Ganzes.«
Eidgenössische Literaturpreis für Thilo Krauses Band

»Thilo Krause ist ein reflektierter Beobachter, ein Realist. Er nimmt die Veränderungen sinnlich wahr, die sie allein schon durch seine Beobachtung erfahren, und fasst sie in sorgfältige Vergleiche. Wer allerneueste Gedichte lesen mag, dem sei empfohlen, den Erstling von Thilo Krause nicht zu übersehen.«
Frankfurter Allgemeine Zeitung zu Thilo Krauses Band

»Kerstin Hensel schreibt über Menschen und Geschehnisse, die sie auf ihren Reisen oder Zuhause erlebt hat. Kleine Geschichten, die verständlich und sprachlich außerordentlich gelungen sind.«
WDR zu Kerstin Hensels Band

»Es ist ein extrem homogener Gedichtband auf hohem Niveau, der einem sehr eigenen Ton folgt und bereits einen Sound hat, den viele erst mit ihrem soundsovielten Buch erreichen.«
Lyrikwelt zu Peggy Neidels Band

»Dem Band *Jäger. Gejagte* des Dresdner Dichters Uwe Hübner, meine ich, ist in der deutschsprachigen Literatur der letzten Jahre nichts Vergleichbares entgegenzusetzen – weder an erzählerisch verdichteter Qualität noch an Radikalität der Faltung von Zeiten und Räumen.«
»Der Freitag« zu Uwe Hübners Band